AF388768

ORDONNANCE
DU ROI,

Portant règlement sur les Voitures qui doivent être fournies aux Troupes pendant leurs marches.

Du 1.er Juillet 1768.

DE PAR LE ROI.

S A MAJESTÉ étant informée que depuis qu'Elle s'est chargée de la dépense du prix des voitures commandées pour le transport des bagages, malades & convalescens des Troupes, dans les routes qu'elles ont à faire dans le royaume, pour passer d'une garnison dans une autre, il s'est introduit des abus considérables, tant par la facilité que l'on a eue de déférer aux demandes que les régimens ont faites d'un nombre considérable de voitures excédantes, sous différens prétextes relatifs au service, mais dont l'objet réel étoit de voiturer, à la suite des corps, des marchandises & des provisions de vins & de denrées de toute espèce, que par les surcharges excessives qui ont été

A

mises sur les voitures, lorsqu'il n'a pas paru juste d'en accorder la quantité demandée, & par le parti qu'on a pris souvent d'employer les chevaux de trait de quelques-unes desdites voitures, à traîner des berlines & des chaises appartenantes aux Officiers, ce qui est également onéreux aux laboureurs & gens de la campagne, contraire à la régularité de la discipline, & donne lieu journellement, tant à des contestations & excès de la part des Troupes, qu'à des représentations de la part des Officiers municipaux, Syndics des communautés, Entrepreneurs & autres préposés à la fourniture des voitures: Et Sa Majesté desirant y pourvoir, en faisant connoître plus particulièrement ses intentions, de manière qu'il ne puisse y avoir dorénavant aucun abus ni difficulté; après s'être fait représenter les Ordonnances rendues les 4 juillet 1716, 8 & 15 avril 1718, 5 décembre 1730; celles particulières à la province de Languedoc, des 1.er avril 1740 & 3 février 1757; celle rendue pour la généralité de Caen, le 1.er juin 1761; la Déclaration du 6 août 1765, enregistrée au Parlement de Provence le 4 octobre de la même année; l'Instruction du 15 décembre 1766; les règlemens faits par les États de la province de Bretagne, les 24 novembre 1760 & 30 mai 1767; les arrêts rendus en son Conseil d'État, les 14 janvier 1766 & 12 janvier de la présente année, pour confirmer & autoriser les traités passés pour la fourniture des chevaux & voitures dans les généralités de Bordeaux & du comté de Bourgogne, par les Intendans & Commissaires départis dans lesdites provinces, ensemble les autres ordonnances & réglemens qu'Elle a autorisé les Intendans à faire relativement aux usages & situations particulières de quelques provinces du royaume; Elle a ordonné & ordonne ce qui suit:

ARTICLE PREMIER.

LE nombre ordinaire des voitures qui doivent être fournies aux Troupes de Sa Majesté, lorsqu'elles seront en route, pour le transport des bagages, malades & convalescens, restera fixé à cinq charrettes ou chariots, soit à deux, soit à quatre roues, attelés de quatre chevaux, pour chaque bataillon d'Infanterie ou d'Artillerie; à pareil nombre pour chaque régiment de Cavalerie, Huſſards & Dragons, & pour chaque Légion de Troupes-légères; & à une charrette ou chariot, auſſi attelé de quatre chevaux pour chaque compagnie de Mineurs, Bombardiers, Ouvriers ou Invalides, ſans que les Officiers puiſſent en exiger un plus grand nombre, pour raiſon dudit tranſport; en obſervant que lorſque les régimens de Cavalerie, Huſſards & Dragons, & les corps de Troupes-légères marcheront en deux diviſions, il ſera fourni trois voitures à celle avec laquelle le régiment fera partir la caiſſe & les papiers de l'État-major, & deux voitures ſeulement à la ſeconde diviſion.

2.

LORSQUE Sa Majeſté jugera à propos de faire dans ſes Troupes les augmentations indiquées par les Ordonnances de leur compoſition, il ſera pourvu, s'il y a lieu, au nombre de voitures à régler, relativement auxdites augmentations.

3.

QUAND une troupe ſera chargée d'un nouvel habillement, ou de groſſes réparations dont la diſtribution n'aura pu être faite avant ſon départ, le Major remettra à l'Intendant de la province, & en ſon abſence ou trop grand éloignement, au Commiſſaire des guerres chargé de la police de ladite troupe, un état ſigné de lui & du Commandant du corps, portant le nombre & le poids des balots qui contiendront ledit habillement ou groſſes réparations; ſur lequel état ledit Intendant ou Commiſſaire des guerres, après en avoir ordonné ou fait la vérification, réglera le nombre de voitures qui devront être fournies par extraordinaire pour leur tranſport, & il en ſera rendu compte au Secrétaire d'État ayant le département de la guerre, par le Commiſſaire qui en fera mention en toutes lettres ſur la revue qu'il doit tranſcrire au dos de la route, afin que l'on s'y conforme, tant dans le lieu du départ, que dans tous ceux où la troupe devra paſſer.

4.

LES réparations des Troupes devant être exécutées pendant

l'hiver, & les régimens ayant été prévenus, qu'en cas de mouvement, ils ne devoient point faire voiturer à leur suite les étoffes destinées à leurs réparations, mais les déposer, soit dans les magasins des effets du Roi, soit entre les mains des Officiers municipaux, dans les villes où il n'y auroit point de magasin, & en adresser au Secrétaire d'État ayant le département de la guerre, une reconnoissance, sur laquelle il seroit pourvu au remplacement desdites étoffes dans le lieu de leur destination ; les Intendans ou Commissaires des guerres, pourvoiront seulement au transport de l'habillement qui seroit façonné & non distribué : Entendant Sa Majesté que le nombre des voitures à fournir à cet effet, ne puisse excéder deux charrettes ou chariots, du port de quinze cents livres pesant par bataillon, & pareil nombre pour chaque régiment de Cavalerie, Hussards, Dragons & Troupes-légères.

5.

DÉFEND Sa Majesté à ceux qui commanderont lesdites Troupes pendant la route, de souffrir qu'il soit exigé un plus grand nombre de voitures extraordinaires, que celui qui sera porté sur la revue, ni qu'il soit chargé sur lesdites voitures aucuns vins, denrées, marchandises ou autres effets de quelque nature qu'ils soient, hors les équipages qui concerneront directement la troupe qu'ils commanderont.

6.

LORSQUE les régimens auront à leur suite des fourgons ou chariots destinés à porter leurs bagages, il leur sera fourni les chevaux de trait nécessaires, à raison de leur charge dont la vérification sera faite dans la forme prescrite par l'article 12 ci-après, & qui ne pourra excéder le poids de quinze cents livres ; bien entendu que lesdits chevaux seront en déduction du nombre des voitures réglé par l'article 1.er

7.

L'INTENTION de Sa Majesté étant que les Officiers accompagnent la troupe pendant la route, afin d'y maintenir la discipline & le bon ordre ; & leur accordant par l'article 26 ci-après, la facilité de se procurer des chevaux de selle : Elle défend auxdits Officiers d'exiger des chevaux de trait, ou de se servir de ceux qui seront attelés aux voitures pour traîner des berlines ou chaises à eux appartenantes, sauf à eux à s'en pourvoir de gré à gré, en cas de maladie seulement.

8.

DÉCLARE Sa Majesté, qu'Elle rendra les Commandans des troupes personnellement responsables des contraventions qui pourroient être commises aux dispositions précédentes, par ceux qui seront sous leurs ordres, & qu'Elle fera retenir sur leurs appointemens, le prix des chevaux & voitures indûment exigés, sur le pied qui sera réglé suivant l'exigence des cas, d'après le compte qui lui en sera rendu, sur les plaintes & procès-verbaux des Officiers municipaux ou autres préposés, qui seront adressés par les Intendans ou Commissaires des guerres, au Secrétaire d'État ayant le département de la guerre.

9.-

CHAQUE voiture, soit à deux, soit à quatre roues, attelée de quatre chevaux, sera chargée de quinze cents livres pesant, y compris les malades & convalescens; & celles qui seront attelées d'un moindre nombre de chevaux, ou qui seront tirées par des bœufs, de force inférieure aux chevaux, seront chargées dans la même proportion, & il en sera fourni le nombre suffisant pour représenter la quantité fixée par l'article 1.er

1 O.

POUR ne laisser lieu à aucune difficulté ou interprétation arbitraire des dispositions de la présente Ordonnance, sur la qualité & quantité des voitures qui devront être fournies, Sa Majesté déclare que, nonobstant la fixation du port de chaque voiture attelée de quatre chevaux à quinze cents livres pesant; comme il y a des routes pavées ou ferrées, dans lesquelles la même charge peut être tirée par un moindre nombre de chevaux; qu'il y a d'ailleurs des provinces où les bœufs font affez forts pour traîner la même charge que des chevaux, fon intention eft que les Troupes fe conforment à cet égard, aux ufages des différentes provinces où elles fe trouveront; comme auffi que dans le cas où par la difficulté des chemins, ou la foibleffe des bêtes de trait, il feroit néceffaire d'en atteler aux voitures un plus grand nombre, pour tirer ladite charge de quinze cents livres, la quantité des voitures foit également réglée, & le payement fixé relativement à leur charge, fans aucun égard au nombre de chevaux ou bœufs dont elles feront attelées.

I I.

DANS les pays de montagne ou autres provinces où les voitures à roues ne font point en ufage, les Troupes fe contenteront d'un nombre proportionné de chevaux de bât, mules ou mulets, pour équivalent du nombre de chariots ci-deffus réglé, à raifon de trois quintaux pour la charge de chaque bête de fomme; bien entendu que les difpofitions de l'article précédent auront pareillement lieu, dans le cas où ladite charge de trois quintaux fe trouveroit difproportionnée à la force defdits animaux, en forte qu'il en fera fourni la quantité néceffaire pour repréfenter le nombre de voitures ci-devant réglé, à raifon de quinze cents livres pefant pour la charge de chacune. Sa Majefté chargeant au furplus les Commandans des Troupes, de veiller à ce que les malles & ballots foient diftribués de manière à ne pas excéder la charge de chaque bête de fomme.

I 2.

POUR conftater la charge des voitures ou chevaux de bât, les bagages de la troupe feront portés, la veille du départ, au Poids-le-roi de la ville de garnifon ou du quartier d'affemblée d'où ladite troupe partira, à l'effet de les y faire pefer en préfence du Commiffaire des guerres, qui en tiendra regiftre pour y avoir recours au befoin, & en rendre compte à l'Intendant du département, & au Secrétaire d'État ayant le département de la guerre : il fera en outre fait mention en toutes lettres, du poids defdits bagages, fur la revue de route.

EN cas de contestation sur la charge des voitures pendant la route, permet Sa Majesté de faire vérifier dans les lieux de passage, la pesée des bagages en présence de l'Intendant, Commissaire des guerres, Subdélégué ou Officiers municipaux ; & dans le cas où leur poids excéderoit celui porté sur la revue de route, cette augmentation sera constatée par un procès-verbal qui sera adressé à l'Intendant du département, pour en être par lui rendu compte au Secrétaire d'État ayant le département de la guerre ; & Sa Majesté fera retenir, sur les appointemens du Commandant de la troupe, le louage des voitures qui seront fournies pour transporter ledit excédant, au prix courant du pays, ou sur le même pied réglé aux Entrepreneurs, dans les provinces où ils seront chargés de ce service.

14.

VEUT & entend Sa Majesté, que les Commandans des Troupes donnent les ordres nécessaires pour que lesdites pesées & vérifications soient faites, & qu'il soit commandé un nombre de Soldats de corvée, suffisant pour toutes les manœuvres qui seront relatives, tant à la pesée qu'au chargement & déchargement des voitures.

15.

LORSQUE les routes seront parallèles au cours des rivières navigables, & que les Intendans estimeront que le transport des bagages pourra se faire sûrement & commodément par eau, les Troupes seront tenues de se contenter des barques ou bateaux qui seront commandés à cet effet, & dont le louage sera réglé par lesdits Intendans, pour, par eux, en ordonner le payement à la charge du Roi, conformément à ce qui sera dit ci-après, à l'article 22, & alors il sera seulement fourni un chariot ou un nombre équivalent de chevaux de bât, mules ou mulets, par bataillon ou par régiment de Cavalerie, Hussards & Dragons, ou légion de Troupes-légères, pour le transport de la caisse & des papiers du régiment, & autres effets d'un usage journalier.

16.

DANS les pays difficiles, & où relativement à la diffé-
rence des voies ou à l'éloignement des lieux d'étape, les
Intendans ont jugé néceſſaire d'établir des relais de voitures,
les Troupes ſe conformeront aux diſpoſitions établies pour
la ſûreté & la facilité des tranſports.

17.

L'OFFICIER qui arrivera à l'avance, pour le logement
de la Troupe, ſera porteur de la route du régiment, & la
repréſentera aux Officiers municipaux, pour les mettre en
état de commander promptement les voitures & chevaux de
ſelle qui ſeront néceſſaires pour le jour ſuivant.

18.

LES Officiers municipaux ou Syndics, auront ſoin de
commander les voitures & chevaux de ſelle dans les paroiſſes
qei devront les fournir, de manière que le tout ſoit rendu
ſur la place du lieu du départ, en été, entre quatre & cinq
heures du matin; & en hiver, à ſix heures ſeulement:
Entendant Sa Majeſté que, pour éviter tout déſordre, la
reconnoiſſance & la livraiſon deſdits chevaux & voitures ſoit
faite par les Officiers municipaux; & défendant aux Officiers, bas Officiers & Soldats, d'aller choiſir ou s'emparer à
l'avance, deſdits chevaux & voitures.

19.

AVANT le départ de la troupe, le Major ou autre
Officier chargé du détail, remettra aux Officiers municipaux,
Chefs des communautés ou Entrepreneurs, un reçu viſé du
Commandant du corps, de la quantité & continence des
voitures qui auront été fournies, pour ſervir au payement
qui en ſera fait dans la forme ci-après expliquée.

20.

POUR établir l'uniformité dans cette partie de comptabilité,
les reçus mentionnés en l'article précédent, ſeront dreſſés
conformément au modèle qui ſera joint à la préſente ordonnance; & les Intendans auront ſoin qu'il y en ait toujours
une quantité ſuffiſante en blanc, entre les mains des Officiers

municipaux & Syndics des lieux de paſſage de leurs départemens.

21.

LE prix des voitures ſera réglé à raiſon de vingt ſous par journée, pour chaque cheval ou autre bête de trait de même force, & de pareille ſomme pour chaque mulet, mule ou cheval de bât; ſauf néanmoins les augmentations de prix qui pourroient avoir lieu ſur quelques routes, eu égard à la diſtance & à la difficulté des chemins, ſuivant les règlemens particuliers des Intendans de quelques provinces, leſquels continueront d'être exécutés ſuivant leur forme & teneur; ainſi que le règlement des États de Bretagne, du 24 novembre 1760, & les articles relatifs à la fourniture des chevaux & voitures compris dans le bail des étapes arrêté par les Commiſſaires intermédiaires des États de ladite province, le 30 mai 1767.

22.

LES Intendans feront rembourſer aux Officiers municipaux & Chefs des Communautés, le prix deſdites voitures, par le Tréſorier de l'extraordinaire des guerres, ſervant près de chacun d'eux; & ils lui expédieront, tous les ſix mois, pour ſon rembourſement, une ordonnance, au montant de laquelle les quatre deniers pour livre feront ajoutés, pour être ladite dépenſe compriſe dans le compte du département : cette ordonnance ſera expédiée au nom du Tréſorier, & au bas d'un état certifié de lui, vérifié & arrêté par un Commiſſaire des guerres; & le Tréſorier ſera tenu de rapporter à l'appui les ordres particuliers, reconnoiſſances des Majors, mandemens & quittances des Parties prenantes; leſquelles pièces feront retirées par l'Intendant, qui en fera mention dans ſon ordonnance de rembourſement.

23.

LES Intendans prendront les meſures néceſſaires, chacun dans ſon département, pour mettre les Officiers municipaux & Chefs des communautés en état de faire l'avance du prix des voitures; en forte que les conducteurs puissent être payés avant le départ de la troupe, & retourner chez eux directement, après avoir conduit les bagages au lieu de leur destination.

24.

DANS le cas où lesdits Officiers municipaux ou Chefs des communautés n'étant chargés de la perception d'aucuns deniers publics, ne seroient pas en état de faire l'avance du prix desdites voitures; ils seront autorisés par les Intendans, à la faire faire par les Collecteurs des tailles, sur leurs mandemens vus & vérifiés par les Commissaires des guerres; en leur absence, par les Subdélégués, ou par les deux habitans qui payeront la plus forte taille dans les lieux où il n'y aura ni Commissaire des guerres ni Subdélégué, lesdits mandemens expédiés conformément au modèle qui sera joint à la présente Ordonnance; & lesdits Collecteurs remettront pour comptant lesdits mandemens quittancés du préposé des Officiers municipaux, au Receveur des tailles, à qui l'Intendant du département en fera faire le remboursement par le Trésorier de l'extraordinaire des guerres servant près de lui.

25.

S'IL survenoit quelques plaintes des voituriers contre les Préposés chargés de leur faire la distribution du prix des voitures, les Officiers municipaux seront tenus d'y mettre ordre sur le champ, à peine d'en être personnellement & collectivement responsables.

26.

SI les Officiers d'Infanterie ont besoin de chevaux de selle, il leur en sera fourni, à leurs frais, sur un état signé du Major ou de l'Officier chargé du détail, & visé du Commandant de la troupe, en payant comptant par les Officiers, avant le départ de la troupe, le louage desdits chevaux, dont le nombre ne pourra excéder celui des Officiers effectifs, employés sur la revue de route; à raison de vingt-cinq fous pour aller jufqu'au premier logement; au-delà duquel les Officiers ne pourront les mener, fous quelque prétexte que ce foit, fans une convention particulière avec les propriétaires defdits chevaux; & fi quelques Officiers venoient à partir fans avoir payé d'avance le louage defdits chevaux de felle, ou à s'en fervir pour un plus grand nombre de journées que celui pour lequel ils auront été loués, le montant defdites journées fera retenu fur le pied du double de la fixation ordinaire, fur les appointemens defdits Officiers, ainfi que le dommage que les propriétaires auroient pû fouffrir, fuivant l'eftimation qui en fera faite en conféquence du procès-verbal qui en fera dreffé fur les lieux, & envoyé à l'Intendant de la province, pour en être par lui rendu compte au Secrétaire d'État ayant le département de la guerre.

27.

LES Officiers de Cavalerie, Huffards & Dragons devant, en tout temps, être montés fur des chevaux d'efcadron, l'intention de Sa Majefté eft qu'ils ne puiffent exiger des chevaux de felle que dans le cas où leurs chevaux feroient éclopés; & alors cette fourniture fera faite fur un état certifié du Major ou Officier chargé du détail, & vifé du Commandant du corps, lequel état fera adreffé, par les Officiers municipaux, à l'Intendant du département, pour être envoyé au Secrétaire d'État de la guerre.

28.

LES chevaux de felle refteront fur la place du rendez-vous, jufqu'au moment du départ de la troupe; & alors les Officiers municipaux ou leurs Prépofés, en feront la remife aux Officiers infcrits fur l'état remis par le Major, après qu'ils en auront payé le louage; & fi, au moment du départ, il étoit néceffaire d'en fournir quelques-uns au-delà du nombre demandé la veille, ils feront payés le double du prix ordinaire; comme auffi s'il en avoit été demandé un nombre plus confidérable qu'il ne feroit néceffaire, le Major fera tenu personnellement de les payer, pour raison de leur déplacement, sur le pied de la moitié du prix ci-devant réglé.

29.

LES Officiers ne pourront changer les selles qui leur auront été fournies avec lesdits chevaux, ni se dispenser de marcher avec la troupe, à l'exception de l'Officier chargé de partir à l'avance avec les Fourriers, pour aller établir le logement; & si lesdits chevaux arrivoient blessés par le changement de selle, ou excédés pour avoir été surmenés, Veut & ordonne Sa Majesté que les Officiers demeurent responsables du dommage, & que les propriétaires en soient indemnisés à l'arrivée de la troupe, sur l'estimation qui en sera faite de gré à gré, ou à dire d'Experts, sur le lieu; à défaut de quoi ce dédommagement sera ordonné d'après le procès-verbal qui sera dressé dans la forme précédemment expliquée.

30.

IL ne pourra, sous quelque prétexte que ce soit, être exigé de chevaux de selle pour des bas Officiers, Soldats, Vivandiers ou Valets: déclarant Sa Majesté que s'il en étoit exigé, au préjudice de cette défense, Elle en rendra personnellement responsable le Commandant de la troupe, & fera en outre retenir sur ses appointemens, le louage desdits chevaux, sur le pied du double du prix ci-devant réglé.

31.

LES voitures nécessaires pour le transport des bagages, malades & convalescens des détachemens qui marcheront dans le Royaume, sur des routes, seront fournies sur le compte du Roi, à raison d'une voiture du port de quinze cents livres pesant, pour cent hommes; & dans la même proportion pour les détachemens plus ou moins considérables. Il en sera fait mention dans la route qui leur sera expédiée, & les Commandans desdits détachemens en donneront leur reçu dans la forme prescrite ci-devant, par les articles 19 & 20. Il sera de plus fourni, s'il est nécessaire,

un cheval de felle pour chaque Officier d'Infanterie, lequel
en payera le louage comptant, avant le départ, & fe con-
formera à tout ce qui eft ordonné par les articles 26, 28,
29 & 30 de la préfente Ordonnance.

32.

IL fera fourni un cheval de felle à chaque Officier qui
marchera fur une route, pour fe rendre à l'Hôtel royal des
Invalides; à la charge par lui d'en payer le louage comptant,
avant le départ, fur le pied de vingt-cinq fous par journée,
& de fe conformer à toutes les difpofitions contenues dans
la préfente Ordonnance.

33.

A l'égard des bas Officiers ou Soldats qui fe rendront, fur
des routes, à l'Hôtel royal des Invalides, ou qui feront
envoyés aux hôpitaux ordinaires ou vénériens, ou aux eaux,
il leur fera fourni des voitures ou chevaux de felle, lorfqu'ils
feront hors d'état de marcher; bien entendu qu'il en fera
fait mention fur leurs routes, ou qu'ils feront porteurs de
cartouches, fur lefquelles l'efpèce & la néceffité de cette
fourniture auront été conftatées par l'Intendant ou Commiffaire des guerres; & alors lefdits chevaux ou voitures feront
payées fur le compte du Roi, dans la forme précédemment
indiquée, fur les certificats des Commiffaires des guerres,
Subdélégués ou Officiers municipaux, à raifon de vingt fous
par jour pour chaque cheval de felle ou de trait, mais les
conducteurs ne recevront point l'étape pour eux ni pour
leurs chevaux.

34.

LORSQUE la Maifon du Roi marchera, il lui fera fourni,
comme ci-devant, le nombre de voitures & chevaux qui fera
demandé par le Commandant, en les payant comptant &
avant le départ, aux prix fixés par la préfente Ordonnance.

35.

DANS le comté de Bourgogne, dans la généralité de
Bordeaux & autres provinces du Royaume où la fourniture

des chevaux & voitures pour les Troupes eſt, ou pourroit par la ſuite être faite par des Entrepreneurs, une partie des diſpoſitions ci-devant faites pour le payement des voitures & chevaux, ne pouvant avoir lieu, les Officiers payeront auxdits Entrepreneurs ou à leurs Prépoſés, le prix des chevaux de ſelle, tel qu'il a été ci-devant réglé, & leur délivreront des reçus des voitures fournies, conformément au modèle joint à la préſente Ordonnance; ſur leſquels les Intendans feront payer auxdits Entrepreneurs, le prix réglé à la charge de l'extraordinaire des guerres, par le Tréſorier ſervant près de chacun d'eux : Entendant au ſurplus, Sa Majeſté, que les diſpoſitions ci-deſſus preſcrites pour les Officiers municipaux, ſoient exécutées en tout leur contenu, à l'égard deſdits Entrepreneurs.

36.

DANS les provinces de Languedoc & Provence, où les voitures ne doivent être attelées de plus de trois chevaux, mules ou mulets, ſuivant les règlemens faits pour l'adminiſtration des chemins, & peuvent néanmoins porter le poids de quinze cents livres, ci-devant fixé pour les voitures à quatre chevaux; l'intention de Sa Majeſté eſt que les Troupes ſe conforment, à cet égard, aux diſpoſitions preſcrites par l'article 10 de la préſente Ordonnance: Voulant au ſurplus, Sa Majeſté, que les Entrepreneurs chargés par les États, du tranſport des bagages, ainſi que les Troupes qui marcheront dans leſdites provinces, ſoient aſſujettis, chacun en ce qui les concerne, à ce qui eſt réglé par la préſente.

37.

DÉFEND expreſſément Sa Majeſté, à tous Officiers & Soldats, de s'emparer, pour ajouter aux voitures, ou pour tout autre uſage, d'aucun cheval labourant, travaillant ou paſſant dans la campagne ou ſur la route, ſauf en cas d'accident ou de mauvais pas, à faire entr'aider les charretiers & les chevaux du convoi, les uns par les autres, pour ſe dégager reſpectivement.

38.

DÉFEND pareillement Sa Majesté aux Officiers & Soldats, de surcharger les voitures, d'y laisser monter des vivandiers, femmes, enfans ou valets, ni même les Soldats détachés pour la garde des équipages, d'excéder ou surmener les chevaux, de maltraiter les voituriers, de menacer, d'injurier ou maltraiter les Officiers municipaux, Syndics ou autres Chefs des communautés, les Entrepreneurs ou leurs commis : Déclarant Sa Majesté que sur le compte qui lui en sera rendu d'après les procès-verbaux dressés sur les lieux dans la forme ci-dessus prescrite, Elle donnera ses ordres, pour faire punir très-févèrement ceux qui se porteront à de pareils excès ; & qu'Elle rendra les Commandans personnellement responsables de tous les abus & contraventions qui pourront se commettre au préjudice des dispositions contenues dans la présente Ordonnance, s'ils n'en rendent pas compte sur le champ au Secrétaire d'État ayant le département de la guerre, & s'ils n'y remédient pas, autant qu'il pourra dépendre d'eux, en faisant droit, sans perte de temps, sur les plaintes qui leur seront portées.

39.

N'ENTEND Sa Majesté rien innover à ce qui se pratique en Flandre, Artois, Haynault & Cambresis, à l'égard du prix des voitures & chevaux, qui seront payés, ainsi que du passé, conformément aux règlemens arrêtés par les Intendans de ces provinces.

40.

VOULANT au surplus Sa Majesté que la présente Ordonnance soit exécutée dans tous ses points, Elle a dérogé & déroge expressément à toutes celles qu'Elle a précédemment rendues sur la même matière, en tout ce qui ne seroit pas conforme à la présente.

MANDE & ordonne Sa Majesté aux Gouverneurs & ses Lieutenans généraux en ses provinces, aux Intendans en sesdites provinces, aux Inspecteurs généraux de ses troupes, aux Gouverneurs ou Commandans pour son service dans ses villes & places, aux Colonels & autres Commandans de ses régimens françois & étrangers, tant d'Infanterie que de Cavalerie, Hussards, Dragons & Troupes - légères, aux Commissaires des guerres & à tous ses autres Officiers qu'il appartiendra, de tenir la main à l'exécution de la présente Ordonnance, laquelle sera lûe & publiée par lesdits Commissaires des guerres, à la tête des Troupes dont ils auront la police, toutes les fois qu'elles auront ordre de marcher, à ce qu'aucun n'en prétende cause d'ignorance.

Enjoint Sa Majesté aux Maires, Échevins, Consuls, Jurats, & autres Officiers municipaux, aux Syndics des bourgs & communautés, aux Entrepreneurs qui sont, ou pourroient être par la suite chargés de la fourniture des chevaux & voitures dans quelques provinces du royaume, & tous autres qu'il appartiendra, de se conformer, chacun en ce qui les concerne, au contenu de la présente Ordonnance. FAIT à Marli le premier juillet mil sept cent soixante - huit. *Signé* LOUIS. *Et plus bas,* LE DUC DE CHOISEUL.

MODÈLE de la Reconnoiſſance à donner par le
Major ou l'Officier chargé du détail, des
voitures fournies à la Troupe.

<table>
<tr><td>GÉNÉRALITÉ d</td><td rowspan="3">RÉGIMENT d</td></tr>
<tr><td>ÉLECTION d</td></tr>
<tr><td>Ville, Bourg ou Village d</td></tr>
</table>

JE ſouſſigné

reconnois que les Maïre & Échevins, Syndics ou autres Officiers-
municipaux ou Entrepreneurs, de   ont fourni
pour le Régiment de   la quantité de
voitures attelées chacune de   du port de   livres
peſant ; ſavoir,   pour le tranſport des bagages, malades
& convaleſcens dudit régiment, &   par extraordinaire
pour le tranſport de   ballots contenant

& peſant   livres ; le tout conformément à la revue de route
dudit régiment, arrêtée par M.   Commiſſaire des guerres,
à   le
En foi de quoi j'ai délivré la préſente Reconnoiſſance pour ſervir au
payement du prix deſdites voitures, ainſi qu'il a été réglé par
l'Ordonnance du Roi du 1.er juillet 1768.
FAIT à   le

Vu & certifié par nous
Commandant ledit régiment.

L'ORSQUE les Officiers municipaux feront dans le cas d'affigner le payement defdites voitures fur le Collecteur des Tailles, ils en délivreront leur mandement, fuivant le modèle ci-après, au dos de la reconnoiffance du Major.

LE Collecteur des Tailles de la ville ou paroiffe de

payera au fieur   par nous prépofé à cet effet,

la fomme de   pour le prix des voitures mentionnées

en la Reconnoiffance de l'autre part ; de laquelle fomme il lui fera

tenu compte par le Receveur des Tailles de l'élection d

en rapportant ladite reconnoiffance, & le préfent mandement dûment

vérifié & acquitté dudit fieur   notre prépofé ;

le tout conformément aux ordres donnés par M.

Intendant de cette généralité. FAIT par nous

à   le

Vu & vérifié par nous Commiffaire des guerres, Subdélégué *ou* notables habitans de

---

A PARIS, DE L'IMPRIMERIE ROYALE. 1768.